Le Père Babonneau

des Frères Prêcheurs

Le Père Lacordaire

et les

Jeunes Gens

Le Havre

Librairie ecclésiastique F. Dumesnil

31, rue de Paris, 31

1893

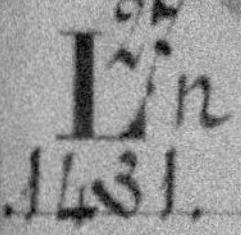

Quatrième Édition

LE PÈRE LACORDAIRE

ET LES JEUNES GENS

✝

APPROBATION DE L'ORDRE

—

Visum et approbatum.

Bernardus CHOCARNE,

Ex-provincialis, magister in sacrâ Theolog.

Thomas FAUCILLON,

Ex-provincialis.

Imprimatur.

Thomas BOURGEOIS,

Ord. Præd. provincialis.

Le Père Babonneau

des Frères Prêcheurs

Le Père Lacordaire

et les

Jeunes Gens

Le Hâvre

Librairie ecclésiastique F. Dumesnil

31, rue de Paris, 31

1893

Quatrième Édition

LE PÈRE LACORDAIRE

ET

LES JEUNES GENS

Monsieur le Président,
Mesdames et Messieurs,

e voudrais vous faire passer quelques instants dans la société d'un grand homme. *C'est avoir profité que de savoir s'y plaire*, a-t-on dit du commerce des chefs-d'œuvre. Appliquée à la personne et aux œuvres du Père Lacordaire, jamais parole ne fut mieux vérifiée. Dans cet homme, je m'attacherai à vous montrer

ce qu'il y a de plus beau en tout homme, ce qui, chez lui, a été incomparable : le cœur. Dans ce cœur, vous verrez la passion qui l'a fait palpiter pour ce qu'il y a de tellement ravissant sur terre, que, dans son court passage ici-bas, le Christ lui-même s'en est épris dans la personne du disciple saint Jean : je veux dire l'âme du jeune homme.

En deux mots, l'amitié réciproque du Père Lacordaire pour les jeunes gens et des jeunes gens pour le Père Lacordaire, voilà mon thème.

Par conséquent, et malgré mon vif désir de n'exclure ici personne, c'est uniquement des jeunes gens et pour les jeunes gens que je dois vous parler. Pères et mères, que j'aperçois dans cette assemblée, vous ne sauriez m'en vouloir : il s'agit de ce que vous aimez beaucoup plus que vous-mêmes, de vos enfants. Jeunes filles qui, en franchissant cette enceinte, n'avez pas redouté l'aûstérité de ma parole, vous joindrez votre propre indulgence à celle de vos parents : il s'agit de vos frères et de vos meilleurs amis. — Pour vous, jeunes gens qui m'entourez si nombreux, s'il m'arrive d'aventure de mêler çà et là, à votre adresse, la pointe de la critique aux douceurs de la louange, je ne m'attarderai point à vouloir m'excuser; vous êtes en cause, et je vais vous parler : n'est-ce pas dire qu'à l'avance je me sens pardonné?

Dans ce travail, vous chercheriez vainement quoi que ce soit qui m'appartienne en propre. J'estimerai n'avoir mérité de vous que dans la mesure même où je me serai fait oublier. Il est des tableaux — et ce sont les plus beaux — qui n'emprunteraient rien à la richesse du cadre. C'est deux fois le cas pour la haute et puissante figure du Père Lacordaire, l'ami et l'apôtre de la jeunesse dans notre XIXe siècle.

I

UCUN bien ne se fait à l'homme qu'en le comprenant et en l'aimant. Le même Dieu qui a porté cette loi, ayant prédestiné Lacordaire à être, à notre époque, le bienfaiteur du jeune âge, commença par lui en inculquer l'intelligence et l'amour.

Que le Père Lacordaire ait compris les jeunes gens, nous ne nous arrêterons pas à vous le démontrer. Il est, dans ses Conférences à Notre-Dame de Paris, une page immortelle qui le prouve surabondamment :

« A peine dix-huit printemps ont-ils épanoui nos années, que nous souffrons de désirs qui n'ont pour objet ni la chair, ni l'amour, ni la gloire, ni rien qui ait une forme et un nom. Errant dans le secret des solitudes ou dans les splendides carrefours des villes célèbres, le jeune homme se sent oppressé d'aspirations sans but ; il s'éloigne des réalités de la vie comme d'une prison où son cœur étouffe, et il demande à tout ce qui est vague et incertain, aux nuages du soir, aux vents de l'automne, aux feuilles tombées des bois, une impression qui le remplisse en le navrant. Mais c'est en vain. Les nuages passent, les vents se taisent, les feuilles se décolorent et se dessèchent sans lui dire pourquoi il souffre, sans mieux suffire à son âme, que les larmes d'une mère et les tendresses d'une sœur. « O mon âme, disait le prophète, pourquoi es-« tu triste et pourquoi te troubles-tu ? Espère en « Dieu ! » C'est Dieu, en effet, c'est l'Infini qui se remue dans nos cœurs de vingt ans touchés par le Christ, mais qui se sont éloignés de lui par mégarde, et en qui l'onction divine, n'obtenant plus son effet surnaturel, soulève néanmoins les flots qu'elle devait apaiser. Jusqu'en nos jours déjà blanchis, il nous revient de ces secousses d'autrefois, de ces apparitions mélancoliques, que les anciens croyaient un apanage du génie et dont ils disaient : *Non est magnum ingenium sine melancolià.* L'âme, faiblissant par intervalles, se retourne douloureusement sur elle-même, elle redescend aux rivages de sa jeunesse pour y rechercher ses larmes, et, ne pouvant plus pleurer comme alors, elle se nourrit un moment de leur amer et doux souvenir. »

Impossible d'en douter. Celui qui a signé cette page *savait* les jeunes gens. Il y a plus : il les aimait. Lacordaire a aimé les jeunes gens, et dès lors tout s'explique dans sa vie ; tout en accuse, dans un puissant relief, l'invariable unité. « Messieurs, disait-il aux jeunes gens de Sorèze, quand il se vit mourir, si mon épée s'est rouillée, c'est à votre service. » Rien de plus exact. Depuis le jour où, paré lui-même de la grâce et de la fougue de ses trente ans, il se levait devant la Cour des Pairs pour revendiquer la liberté d'enseigner, jusqu'à celui où, achevant précipitamment sa carrière dans l'exercice écrasant de cette même liberté conquise, il se couchait pour ne plus se relever, c'est à la jeunesse qu'il a prodigué, sans compter, son temps, ses forces, son amour, sa vie.

Lacordaire a aimé les jeunes gens, mais comment? Est-ce de cet amour quelque peu banal, indéfini et tronqué, qu'on suppose si gratuitement dans les saints, qui n'a point d'yeux pour voir, point d'oreilles pour entendre, point de cœur pour battre, aucun souffle enfin de la passion purifiée pour désirer et par conséquent pour souffrir; qui ne sait qu'embrasser indifféremment, dans la même étreinte de convention, tous les fronts brûlants ou glacés. Oh! n'en croyez rien. Spontanée et sans réserve, son affection n'a jamais rien exclus, dans le jeune homme, de ce qui en était digne. Née du cœur et ne vivant que du cœur, elle en a subi toutes les lois, éprouvé tous les sentiments, subi toutes les exigences, souffert toutes les anxiétés; elle en a parcouru sans relâche le vaste champ, ouvert en nous par la main libérale du Créateur, et agrandi sans mesure par la Croix du Christ, mort d'amour pour les hommes.

Et si, surpris de cette affection que tant d'autres,

pour leur part, n'ont jamais ressentie, il vous plaisait d'en rechercher les causes, lisez les ouvrages de l'illustre religieux; vous y verrez qu'aimer était la loi de sa nature, l'irrésistible besoin de son être, et que, ce besoin, seule la jeunesse lui semblait capable de l'assouvir à même. « Rien ne console, disait-il, de n'avoir point d'ami. — Il serait étrange que le Christianisme, fondé sur l'amour de Dieu et des hommes, n'aboutit qu'à la sécheresse à l'égard de tout ce qui n'est pas Dieu. Non; consultez les maîtres de la vie spirituelle, ils vous diront tous que le détachement n'est pas la désaffection, et que si l'un est de précepte, l'autre n'entre pas même dans la voie du conseil... C'est l'esprit du monde qui affaiblit les affections; les affections réglées, c'est-à-dire subordonnées à la loi de Dieu et à l'amour qu'on lui doit, ne sont jamais un obstacle à la sainteté... C'est une rare et divine chose que l'amitié, le signe assuré d'une grande âme et la plus haute des récompenses visibles attachées à la vertu. L'amitié ne se refuse qu'à celui qui ne l'inspire pas, et celui-là l'inspire, qui en porte en soi-même le généreux ferment. Tout cœur pur la possède et par conséquent tout cœur pur attire à lui, n'importe à quel âge. Mais combien plus dans la jeunesse! C'est un si beau moment dans la vie! Enfant, on n'a pas assez de sensibilité ni de connaissance des choses; rien n'est profond. Dans l'âge mûr, on sait trop; on ne plaît pas autant; le cœur, moins sollicité et plus circonspect, ne donne plus autant et ne reçoit plus dans la même mesure. Mais entre vingt et trente ans, que de sève! Quelle plénitude! On est si vite aimé et on aime si vite! »

Inutile, me semble-t-il, de citer plus longtemps. Vous avez maintenant compris pourquoi Lacordaire aimait et pourquoi, de préférence, il aimait les jeunes gens.

***

Mais cette exquise amitié, qu'a-t-elle produit en lui? Qu'a-t-elle produit aussi dans les âmes trop heureuses sur lesquelles elle s'est épanchée? Vous êtes, n'est-il pas vrai, désireux de l'apprendre. Mais auparavant permettez-moi de vous présenter Lacordaire à l'âge radieux de sa jeunesse, peint en pied, si je puis ainsi parler, par la main du plus illustre de ses amis, le noble comte de Montalembert :

« Il avait vingt-huit ans. Sa taille élancée, ses traits fins et réguliers, son front sculptural, le port déjà souverain de sa tête, son œil noir et étincelant, je ne sais quoi de fier et d'élégant, en même temps que de modeste dans toute sa personne, tout cela n'était que l'enveloppe d'une âme qui semblait prête à déborder, non seulement dans les libres combats de la parole publique, mais dans les épanchements de la vie intime. La flamme de son regard lançait à la fois des regards de colère et de tendresse ; elle ne cherchait pas seulement des ennemis à combattre et à renverser, mais des cœurs à séduire et à conquérir. Né pour combattre et pour aimer, il portait déjà le sceau de la double royauté de l'âme et du talent. Il m'apparut charmant et terrible, comme le type de l'enthousiasme du Bien, de la Vertu armée pour la Vérité. Je vis en lui un élu, prédestiné à tout ce que la jeunesse adore et désire le plus : le génie et la gloire. Mais lui, plus épris des suaves joies de l'amitié chrétienne que des lointains échos de la renommée, me fit comprendre que les plus grandes luttes ne nous émeuvent qu'à demi, qu'elles nous laissent la force de songer avant tout à la vie du cœur et que nos jours commencent ou finissent, selon qu'un souvenir aimé se lève ou se tait dans nos âmes. »

Tel était l'homme. Voyons maintenant son cœur.

*
* *

Le premier besoin du cœur qui aime, c'est de se dire à soi-même son amour, c'est de le dire ensuite et sans fin à ceux qui nous ont captivés. Besoin profond, universel, irrésistible. Lacordaire, pour sa part, l'a si vivement senti, que, pour l'exprimer, il a créé une formule harmonieuse, désormais fixée dans toutes les mémoires. J'en suis bien sûr, vous allez la redire tout bas au moment où je vais la prononcer tout haut. « L'amour n'a qu'un mot; et en le disant toujours, on ne le répète jamais. » Prenez sa correspondance, relisez ses lettres à ses amis ; vous n'y verrez qu'un refrain d'amour et comme la conjugaison sans fin du verbe aimer, à tous les temps et à tous les modes, sauf au mode imparfait et au temps passé. « Si je dis à un homme : « Je vous estime, » ne puis-je pas lui dire autre chose encore ? Oui, car je puis lui dire sans peine : « Je vous admire. » Si je dis à un homme : « Je vous admire, » ne puis-je pas lui dire autre chose encore ? Oui, car je puis lui dire : « Je vous vénère. » Si je dis à un homme : « Je vous vénère, » ne puis-je pas lui dire autre chose encore ? Ai-je épuisé dans ce mot la parole humaine tout entière ? Non, j'ai encore une chose à lui dire, la dernière de toutes, je puis lui dire : « Je vous aime. » Mais la bouche de l'homme ne va pas plus loin, parce que son cœur ne va pas au delà. Dix mille mots précèdent celui-là, mais aucun autre ne vient après dans aucune langue ; et quand on l'a dit une fois à un homme, il n'y a plus qu'une ressource, c'est de le répéter à jamais. »

Ainsi faisait-il.

« Mon cher ami, j'espère un jour te retrouver chrétien — il s'agissait d'une jeune âme attardée dans les sentiers de l'erreur — et te presser sur mon sein avec la double tendresse de l'ami et du religieux. En attendant cette immense joie, je continue à te porter dans mon cœur comme un enfant blessé et malade, comme le dernier fruit de mon amour sur la terre. Trop vieux déjà par l'âge, sinon par le cœur, pour émouvoir de plus jeunes que moi, et destiné désormais à ne plus regarder qu'en arrière, je te laisse au seuil du passé. Tu y seras le premier que mes yeux rencontreront en se retournant. Et toi, ne m'oublie pas dans cette place aimée. Quand tu seras triste et mécontent du monde, jette un regard de loin vers la fenêtre de ma cellule et songe à un ami qui t'aimait si tendrement. »

***

Après le besoin de s'affirmer, la véritable amitié ne désire rien tant que de rétablir entre les cœurs qu'elle unit l'équilibre, l'égalité trop souvent rompue à l'avance par l'âge, le talent, la naissance ou la fortune. L'énergique et constante revendication de ce droit met parfois aux lèvres du Père Lacordaire des prières surprenantes, remarque son fils préféré, le doux abbé Perreyve. « Il faut que je vous gronde très sévèrement pour les phrases obséquieuses dont vous continuez de vous servir à mon endroit. Désormais ne m'appelez donc plus votre Père, ni surtout Révérend Père, mais votre ami, car je le suis bien sincèrement. L'amitié déborde la paternité. Elle suppose une bienveillance d'une nature plus épanchée et plus libre, et c'est celle que j'ai pour vous, comme il me semble que vous devez l'avoir pour moi ; à moins que le désir que j'en ai ne me fasse illusion. Si vous éprouvez ce sentiment du retour ; si votre cœur est réellement penché vers le mien, laissez-le suivre simplement son cours naturel. Parlez-moi et écrivez-moi comme à votre égal, suivant le mot de Sénèque : *Amicitia pares aut accipit aut facit*. Je suis plus âgé que vous, c'est vrai ; mais si l'âme était absolument sujette du temps, ce serait une disproportion sans remède. Quant au reste, si Dieu m'a donné quelque talent ou quelque renommée, c'est bien peu de chose, vous le savez ; et rien ne serait plus affreux que la gloire, si elle mettait obstacle à l'affection. Oubliez donc ce que je dois oublier moi-même et qui n'est rien au prix de la vertu. Nous connaissons et nous aimons Dieu l'un et l'autre, c'est là ce qui met entre nous une éternelle égalité. Ceux qui n'ont point en Dieu leur vie peuvent être séparés par des abimes, à cause de toutes les prééminences qui naissent, en ce monde, de la naissance, de la fortune, du talent et de la gloire. Mais en Dieu, où nous sommes l'un et l'autre, le monde disparaît, et l'infini ne laisse plus entre ceux qui s'y rencontrent et s'y tiennent embrassés, d'autre distance que celle de l'amour, lequel rapproche tout. »

De ce désir de l'égalité dans l'amitié en naît directement un autre. L'âme qui aime a besoin d'estimer. L'objet de son affection, elle le veut pur, grand, noble, généreux, et, quand la nature ou la grâce, la raison ou la foi, l'ont elle-même élevée plus haut, elle n'a ni cesse ni relâche qu'elle n'ait effacé la distance et refait le niveau. Dans le cœur du chrétien, et notamment du prêtre, l'ami engendre alors l'apôtre.

De là, pour le Père Lacordaire, l'ardente préoccupation de voir les jeunes cœurs auxquels il s'était voué marcher sans jamais s'arrêter, à la poursuite des vertus qui font l'honneur de l'homme en préparant la gloire du chrétien.

La première qu'il leur demande, c'est l'honnêteté couronnée de son auréole resplendissante, l'honneur; deux choses — il ne l'ignorait pas — plus souvent prônées dans le monde que mises sincèrement en pratique.

« Ah! s'écriait-il, je suis chrétien, et pourtant je m'attendris à ce nom d'honnête homme. Je me représente l'image vénérée d'un homme dont le cœur n'a jamais conçu l'injustice et dont la main ne l'a point exécutée, qui fut observateur de sa parole, fidèle dans ses amitiés, sincère et ferme dans ses convictions, à l'épreuve du temps qui change et veut tout entraîner dans ses changements, également éloigné de l'obstination dans l'erreur et de cette insolence particulière à l'apostasie, qui accuse la bassesse de la trahison ou la mobilité honteuse de l'inconstance. Ce n'est pas encore là le héros, mais c'est déjà une noble chose et peut-être, hélas ! une chose rare, du moins dans sa plénitude. Saluez donc en passant, et, qui que vous soyez, chrétien, et même saint, aimez à entendre à votre oreille et surtout au fond de votre conscience cette belle parole, que vous êtes un honnête homme. »

Et l'honneur ! « L'honneur n'admet pas de partage. C'est une idée qui périt ou demeure tout entière. L'honneur est la ligne équinoxiale de l'humanité. L'humanité s'échauffe et se purifie à mesure qu'elle en approche ; elle se glace et se ternit à mesure qu'elle s'en éloigne. C'est un regard élevé du chrétien sur soi, une pensée de sa noblesse ; ce n'est pas la gloire trop chère à l'orgueil, ce n'est pas la vertu toute seule avec ses sobres inspirations ; c'est plus que la gloire et plus que la vertu ; c'est un sentiment chaste de soi-même, une crainte infinie de toute honte méritée, la plus haute délicatesse dans la plus sainte pudeur. »

Cette double qualité de l'honneur et de l'honnêteté,

ainsi entendue et ainsi étendue, constituait chez le Père Lacordaire le minimum des conditions qu'il exigeait pour le don de son cœur; faute desquelles il se montrait inexorablement sévère, et qui lui inspiraient, nous dit encore Perreyve, des sentiments d'une délicatesse tellement ombrageuse, qu'une fois blessé en elles, il devenait subitement de glace pour l'homme qu'il avait le plus aimé. « Et moi aussi, j'ai dû laisser sur le chemin, comme des dépouilles profanées, bien des affections qui m'avaient séduit. J'ai vu périr dans mon cœur l'immatérielle beauté de plus d'une âme aimée. » Sans aucun doute, c'est sur des âmes qui avaient fléchi dans la ligne de l'honneur que tombaient ces paroles, qui éclatent à la manière d'un foudroyant anathème.

Chose étrange! cette volonté de fer du Père Lacordaire faiblissait à la seule pensée de se heurter à la malhonnêteté de l'ingratitude. Il avait rêvé d'adopter un de ses enfants de Sorèze pour en parfaire l'éducation. « Il eût été le fils de mon âme. Je lui aurais fait le don entier de moi-même. Mais je n'ai pas osé. J'ai craint l'ingratitude. Je l'aurais tant aimé, que, s'il eût méconnu mon amour, il eût fait un mal profond à l'infirmité de mon humaine nature. »

Après l'honneur et l'honnêteté, Lacordaire n'estimait rien tant dans le jeune homme que le caractère.

Oyez comme il en parle :

« Le caractère n'est pas la bravoure. La bravoure n'exige qu'une certaine ardeur devant le péril, un mépris de la mort conçu dans un élan, et plutôt un héroïque oubli de la raison qu'une appréciation calme du devoir. Le plus valeureux capitaine peut n'être qu'une femme le lendemain d'une victoire, et ses cicatrices ne couvrir qu'un caractère débile et sans portée. Le caractère est l'énergie sourde et constante de la volonté, je ne sais quoi d'inébranlable dans les desseins, de plus inébranlable encore dans la fidélité à soi-même, à ses convictions, à ses amitiés, à ses vertus, une force intime qui jaillit de la personne et inspire à tous cette certitude que nous appelons la sécurité. On peut avoir de l'esprit, de la science, même du génie, et ne pas avoir de caractère. Telle est la France de nos jours. — Avec autant de vérité, il aurait pu dire le monde à l'heure actuelle. — La France abonde en hommes qui ont tout accepté des mains de la fortune et qui pourtant n'ont rien trahi, parce que, pour trahir, il faut avoir tenu à quelque chose. Pour eux les événements sont des nuages qui passent, un spectacle et un abri; pas davantage. Ils les subissent sans résistance, après les avoir préparés sans le vouloir; jouets inconséquents d'un passé dont ils ne furent pas les maîtres et d'un avenir qui leur refuse ses secrets. »

A l'abaissement du caractère, qu'il flétrissait en termes si forts, Lacordaire voyait correspondre et engendrer les mêmes désastreux effets, la profanation de l'intelligence dans la dégradation des lectures : « L'homme ne peut lire que ce qu'il goûte, et ce qu'il goûte est la mesure de sa raison. Or, parmi les symptômes dont nous sommes témoins, il n'en est pas de plus visible, pas de plus triste non plus que la passion des livres chimériques, c'est-à-dire des livres qui ne disent rien à la raison et ne s'adressent qu'à l'imagination et aux sens. Le nombre en est incalculable. On ne se contente même plus, et depuis longtemps, de les publier sous la forme matériellement sérieuse d'un volume. On les jette au monde par feuilles détachées, comme les oracles tombaient autrefois du chêne de Dodone, et il n'est pas de journal ou de revue qui estime pouvoir vivre, sans offrir à ses lecteurs ce puéril aliment. Le monde est chaque jour inondé de pages médiocres par le style et nulles par le fond, qu'un homme ne peut lire sans mépris pour lui-même, parce que leur lecture est un sacrifice fait au néant — quand ce n'est pas au vice, aurait-il pu ajouter.

« Cher enfant, vous avez jusqu'ici beaucoup aimé les livres du monde; il faut maintenant que votre affection se tourne de plus en plus vers les livres émanés de ceux qui ont suivi Notre-Seigneur et l'Église. Les autres sont presque tous infectés d'ignorance, d'orgueil, de systèmes vains, d'opposition secrète à la vérité, quand elle n'est pas déclarée. Il y a d'ailleurs tant de livres, qu'on ne peut pas même lire tous ceux qui sont excellents. Pourquoi donc perdre son temps à feuilleter ceux qui son gâtés par le faux esprit ? »

***

Pour arrêter la mobilité de la volonté dans la dépression du caractère, de même que l'énervement de l'intelligence dans la perversion des lectures, Lacordaire ne voyait qu'un seul frein solide et qu'un seul remède efficace, la vie de la foi dans l'inébranlable attachement à l'Église, qui en est la gardienne et le foyer.

Aussi, pour en conserver à ses amis le don sans prix, pour le leur reconquérir et le leur restituer, quand ils l'avaient perdu, n'était-il sacrifice si sanglant qui le fit reculer.

Écoutez cette histoire, qui eut dans sa vie d'apôtre je ne sais combien d'éditions. C'était après 1830. L'arbre géant qui s'appelait Lamennais venait de tomber. Sa chute lamentable, Lacordaire l'avait depuis longtemps prévue, et, de crainte d'être écrasé sous ses ruines, il avait douloureusement brisé avec lui les derniers de ses liens. Moins heureuses, sans doute parce qu'elles étaient moins trempées, d'autres âmes n'avaient pu s'arracher aussi vite à l'étrange séduction du génie dévoyé.

« Parmi celles-ci, il en était une (1) — c'est elle qui va maintenant entrer en scène et continuer le récit — que Lacordaire aimait par-dessus toutes et qui s'obstinait dans une fidélité désintéressée, moins peut-être à la personne de l'apôtre déchu qu'à la grande idée qui semblait ensevelie dans sa chute. Du milieu de ses contradictions personnelles, c'était sur cette âme qu'il reportait l'ardeur suprême de son zèle, la plus pure et la plus violente passion de son cœur. C'était pour elle qu'il dépensait, à l'insu du monde entier, les plus riches trésors de son éloquence. Que ne m'est-il donné de tout dire et de citer les lettres nombreuses qui, pendant trois années entières, poursuivirent cette tâche ingrate. Je viens de les relire, après tant d'années écoulées, avec une émotion que

(1) M. de Montalembert.

nulle parole ne peut rendre. Je ne sais si son génie et sa bonté ont jamais jeté un plus pur éclat que dans cette lutte obscure et opiniâtre pour le salut d'une seule âme aimée. Avec le vain espoir de me dérober aux douleurs et aux orages d'un conflit trop cruel, je m'étais réfugié en Allemagne, où j'étais poursuivi par les appels de M. de Lamennais. Tout en se croyant obligé, comme prêtre, de signer des formulaires, l'infortuné répondait à mes craintes, à mes filiales représentations, en me félicitant de l'indépendance que je possédais comme laïque et en m'exhortant à la maintenir à tout prix. Mais le même courrier qui m'apportait ces lettres empoisonnées m'en apportait d'autres bien plus nombreuses où le véritable ami rétablissait les droits de la vérité, en me montrant les sommets toujours accessibles de la lumière et de la paix. Il vint même de sa personne me chercher et me prêcher, auprès du tombeau de sainte Élisabeth. Avant comme après ce trop court voyage, il revenait sans cesse à la charge, avec une inépuisable énergie, avec une indomptable persévérance. Sacrifié, méconnu, repoussé,

il n'en prodiguait pas moins des avertissements toujours infructueux, des prédictions toujours vérifiées, mais avec quelle raison ! quelle spirituelle et touchante éloquence ! quel charmant mélange de sévérité et d'humble affection ! quelles salutaires alternatives d'impitoyable franchise et d'irrésistible douceur ! Non, la plus tendre des Providences n'aurait pu faire plus ou mieux. « Écoute, me disait-il, cette voix trop dé-
« daignée ; car qui t'avertira, si ce n'est moi ? qui
« t'aimera assez pour te traiter sans pitié ? qui mettra
« le feu dans tes plaies, si ce n'est celui qui les baise
« avec tant d'amour, et qui voudrait en sucer le poi-
« son, au péril de sa vie ? » Je n'étais pas rebelle, comme on pourrait le croire d'après ces ardentes remontrances. Je n'étais qu'hésitant et troublé. Mais, je l'avoue, cette lutte avait trop duré. Quand je cédai enfin, ce ne fut que lentement, comme à regret, et non sans avoir navré ce cœur généreux. J'expie cette faute en l'avouant, et je fais de cet aveu un hommage à la grande âme qui a maintenant trouvé le juge qu'elle invoquait avec une si légitime confiance. C'est

alors, c'est ainsi que j'ai pu plonger dans les derniers replis de cette âme un regard d'abord distrait et irrité, mais, depuis et aujourd'hui, baigné des larmes d'une immortelle reconnaissance. Captif de l'erreur et de l'orgueil, j'ai été racheté par celui en qui m'apparut alors l'idéal du prêtre, tel qu'il l'a lui-même défini : Fort comme le diamant et plus tendre qu'une mère (1). »

*
* *

Après la foi, source du caractère et gardienne de l'honneur, Lacordaire n'avait rien de plus à cœur que d'inculquer à ses amis le respect de cette vertu, sans laquelle la foi n'est plus dans la vie du chrétien qu'une criante inconséquence, le livrant sans défense aux railleries justifiées de tous les incrédules. J'ai nommé la retenue des sens, la vertu souveraine, qui, soumettant le corps à l'âme, prépare l'oblation de l'être entier

(1) *Le Père Lacordaire*, par M. le comte de Montalembert.

à Dieu, et fait de chacun de nous ce qu'il y a de plus rare parmi les hommes : un homme !

« La chasteté est la sœur aînée de la vérité ; ce n'est pas une vertu mystique, une vertu de cloître et d'initiés ; c'est une vertu morale et sociale, une vertu nécessaire à la vie du genre humain. Sans elle, la vie se flétrit dans ses sources ; la beauté s'efface du visage ; la bonté se retire du cœur ; les familles s'épuisent et disparaissent ; les nations perdent graduellement leur principe de résistance et d'expansion ; le respect de la hiérarchie s'éteint dans les scandales. Tous les maux entrent par cette porte ; toutes les servitudes et toutes les ruines y ont passé. »

Et cette page, Messieurs, qu'en dépit de son extrême délicatesse, il me serait dur de ne pas vous rappeler, maintenant surtout qu'elle se recommande à nous avec la double consécration du sanctuaire auguste qui le premier en a redit les échos, et des cœurs sans nombre qu'elle a su purifier.

Vous n'ignorez pas avec quels sentiments de religieux respect elle fut écoutée par les jeunes gens de

Notre-Dame. Inutile d'insister pour que vous les imitiez. « Si, pris de compassion et d'amitié pour vos secrètes blessures, je voulais vous persuader d'être chaste ; si quelque jeune âme a touché mon cœur de tendresse et que je veuille faire tomber de ses mains la coupe trompeuse du mal, je lui dirai : Ami, enfant de ta mère et frère de ta sœur ; enfant de ta mère qui t'a mis au monde dans la continence sacrée du mariage, frère de ta sœur dont tu gardes et respires la vertu, ah ! ne déshonore pas en toi-même ce grand bien qui t'a fait homme. Conserve, dans une chair fragile, l'honneur de ton âme, la source religieuse d'où s'épanche la vie et où fleurit l'amour.

« Prépare à ta couche future des amitiés saintes, des embrassements que le ciel et la terre puissent bénir. Sois chaste pour aimer longtemps, pour être aimé toujours. Il y a au monde entre ta mère et ta sœur, entre tes aïeux et ta postérité, une frêle et douce créature qui t'est destinée de Dieu. Cachée à tous les regards, elle nourrit en silence la fidélité qu'elle te promettra : elle vit déjà pour toi qu'elle ignore, elle t'immole ses penchants, elle se reproche tout ce qui pourrait déplaire un jour au moindre de tes désirs. Ah ! garde-lui ton cœur comme elle te garde le sien, ne lui apporte pas des ruines en échange de sa jeunesse, et puisqu'elle se sacrifie pour toi par un amour anticipé, fais à ce même amour, dans les replis de tes passions, un juste et sanglant sacrifice. »

Mais ce juste et sanglant sacrifice, qui donnera au bouillant jeune homme la force de l'offrir chaque jour à Dieu sur l'autel de son cœur ?

Avec les moyens surnaturels indiqués par la religion et après eux, le Père Lacordaire ne voyait aucun auxiliaire plus puissant de la chasteté que le travail, devenu une des fonctions régulières de notre existence :

« Nous sommes demeurés, disait-il, les sujets du travail, pour demeurer les frères de la vertu. L'homme qui n'a rien à faire pour vivre que de vivre et qui n'applique pas ses facultés à la glèbe honorable d'un service volontaire, celui-là tombe, par une pente rapide, de la langueur dans l'ennui et de l'ennui dans les désordres du cœur. C'est l'oisiveté qui est la grande source de perversion. »

*
* *

Et maintenant est-il besoin de le dire ? Pour faire naître et grandir dans le cœur de ses jeunes amis le culte de ces austères vertus, Lacordaire ne se bornait pas à écrire à leur louange des pages commes celles que nous avons citées plus haut, toutes parfumées de poésie, non plus que de prononcer des discours enfiévrés d'éloquence. Aux Sénèques de tous les âges et de toutes les tailles de composer sur un pupitre d'or le panégyrique de la pauvreté. Pour lui, disciple du Christ, il commençait par mettre en pratique ce qu'il disait si bien. Il faisait mieux encore. Initié par sa consécration au sacerdoce du premier des prêtres et, comme lui, passionné pour le salut des âmes, il estimait n'avoir rien fait pour elles qu'il n'eût intimement communié au sacrifice d'expiation qui prépare leur rachat.

A la suite de celui de ses historiens qui l'a le mieux connu (1), pénétrez dans l'intimité de sa vie : prenez, au moment où il descend de sa chaire, la plus haute du monde, cet orateur au verbe enflammé qui, des heures entières, a enivré les foules, en les bouleversant par la nouveauté de sa parole et l'audace de sa pensée ; suivez-le. Affamé d'obscurité, lui qui venait de dépenser à flots la lumière, le voilà qui s'enfonce, comme dans un tombeau, dans les sombres et humides caveaux de son couvent des Carmes. Là, il s'étend, à l'exemple de son Maître, sur une croix de bois taillée à cet effet ; comme son Maître, il s'y fait attacher par de rudes liens ; comme lui, il y reste suspendu des heures entières, remplissant leur interminable durée de sanglantes flagellations, alternant avec des prières embrasées. Ah ! sans doute, s'il en agissait ainsi, c'était avant tout pour calmer la fièvre d'amour que la passion du Christ allumait dans ses veines ; mais c'était aussi — n'en doutez pas, car il en a fait l'aveu — pour payer, au lieu et place de ses jeunes amis, la

(1) Le R. P. Chocarne.

dette de justice contractée par leurs fautes et dont, avec la légèreté habituelle à leur âge, ils semblaient ne pas même soupçonner la gravité. « Le sacrifice, répétait-il sans cesse, est la moitié généreuse de l'amour, et nul ne sait aimer qui ne sait s'immoler. » Je ne sache rien de plus beau que ces paroles, si ce n'est leur entière application dans la vie de chaque jour.

II

Messieurs, nous voici parvenus à la seconde partie de notre tâche. Si abondants et si dignes d'intérêt qu'en soient les éléments, je la ferai pourtant aussi courte que possible. Tout admirables que soient les spectacles qui nous sont présentés, peut-être même pour cette raison, il est à l'attention de nos facultés des limites qu'on ne saurait impunément franchir.

La loi suprême du cœur, c'est la loi de la réciprocité. L'homme qui aime veut être aimé, et dans la mesure même où il donne, il a besoin de recevoir. Cette loi du cœur, le Père Lacordaire l'a-t-il connue ? Son ardente amitié pour les jeunes gens a-t-elle été payée de retour ? Pour l'éternel honneur de la jeunesse française au XIXe siècle, nous sommes heureux de répondre : Oui, cette jeunesse a compris, a aimé, a chéri autant que vénéré son bienfaiteur et son ami, sa lumière et sa gloire; et en maintes circonstances et sous toutes les formes, elle lui a manifesté son attachement.

Il est un trait délicieux qui ouvre la vie publique du Père Lacordaire. C'était encore à cette même époque si tourmentée de 1830. Résolu à enlever de haute lutte la liberté d'enseignement; persuadé que, comme toutes les autres, elle doit se prendre quand on ne la donne pas, le bouillant jeune homme s'était bravement octroyé le titre de maître d'école, en présence d'une vingtaine d'enfants racolés çà et là sur le pavé de Paris, à la manière, pourrait-on dire, des convives éclopés du banquet de l'Évangile. C'était, pour rappeler un mot célèbre, sortir de la légalité pour rentrer dans le droit. On l'avait bien prévu; un tel acte d'audace ne pouvait échapper à la police inquiète. Deux jours, en effet, ne s'étaient pas écoulés depuis l'ouverture de l'école, que, sur le seuil, apparaissait l'autorité du pays sous la forme du commissaire du quartier. Grave et même un peu ému, ce fonctionnaire exhibe son mandat pour constater d'office le dévouement illégal pris en flagrant délit et instrumenter en règle contre la science sans permis. « Au nom de la loi, sortez », dit-il d'abord aux enfants. « Au nom de vos parents, restez », réplique Lacordaire. « Oui, c'est avec vous que nous voulons rester », s'écrie en chœur la bande révoltée de ces petits enfants, pris d'une ardeur soudaine pour la classe et les livres. Il avait suffi d'un jour à Lacordaire pour s'attacher de cœur ses élèves de rencontre — à telles enseignes que, pour les lui ravir, il ne fallut pas moins que tout le déploiement de la force brutale. — Histoire charmante qui, dans sa forme piquante, présageait admirablement les dévouements passionnés dont la jeunesse devait entourer toute sa vie.

*
* *

Le premier don que la jeunesse transmet, à son insu, à quiconque l'affectionne, c'est le privilège de vivre sans vieillir. Fréquentez les jeunes gens, et vous aurez trouvé la fontaine de Jouvence ; c'est de leur cœur qu'elle jaillit, si elle est quelque part. Jeunesse de l'âme, de l'esprit et du cœur, jeunesse de la sensibilité, de l'imagination et du langage, souvent même jusque sous les cheveux blancs, jeunesse inaltérée des traits ; à ces signes, vous discernerez, à ne pas vous y méprendre, l'homme de bien, prêtre ou chrétien du monde, qui se donne aux enfants.

Tous ces genres de jeunesse, vous les trouverez à un degré rare dans la vie du Père Lacordaire, du premier jour au dernier. Prenez, par ordre de date, les divers portraits que nous avons de lui et qui nous le révèlent dans les phases successives de sa carrière. Sans doute, si vous y regardez de près, vous verrez plus d'une différence s'accuser en relief dans cette physionomie, beaucoup trop vivante pour n'être pas mobile. Stigmates inexorables du temps, les rides se multiplieront, tour à tour barrant son front, creusant ses tempes et soulignant ses yeux, mais rayonnant au milieu de ces défaillances de la matière, et, *sans ré-*

parer des ans l'irréparable outrage, les faisant finalement oublier, toujours le même œil *noir* et *étincelant*, d'où jaillissait, toute vive, l'expression de l'impérissable jeunesse, de l'intelligence, de la volonté et du cœur.

Ce cœur du Père Lacordaire, il resta toute sa vie si jeune, que jusqu'à la fin il ne cessa de battre comme il battait à vingt ans. Les élans de tendresse qui lui échappaient à l'endroit de ses enfants étaient même parfois si brûlants et si vifs, que l'austère religieux croyait devoir s'en excuser, peut-être même s'en accuser, et — qui le nierait? — peut-être même s'en punir. « Mon bon petit enfant, pardonnez-moi ces élans d'un cœur plus jeune que son âge. Je suis bien touché de ce que vous me dites de votre attachement pour le vieil et pauvre moine. Ah! je parlerais bien plus tendrement, si je n'étais plus hors de l'âge où le cœur s'épanche avec une entière liberté. Je pèse ce que je dis, malgré moi, pour ne point paraître trop naïf et trop aimant. »

De sa personne et de son cœur, passez à sa parole.

Interrogez ceux qui ont eu l'ineffable bonheur d'en recueillir complètement les échos; ils lui rendront tous le même témoignage. Dans la chapelle des Carmes comme à la métropole de Notre-Dame, dans les salles de son collège de Sorèze comme au chapitre de son couvent de Flavigny, c'était toujours la même parole entraînante de conviction, libre d'allures, originale de forme, embaumée de poésie, pénétrante d'onction, débordante enfin de tout ce qui accuse la jeunesse et la fait adorer.

Et ses écrits réflèteront-ils à leur tour la même intensité de jeunesse?... Lisez-les ou relisez-les, et n'oubliez pas que c'est à cinquante-six ans qu'il a rédigé les *Lettres à un jeune homme sur la vie chrétienne*, à cinquante-huit ans qu'il a écrit — je devrais dire chanté — *Sainte Marie-Madeleine*, et enfin sur son lit de mort qu'il a dicté à la plume de Montalembert son *Testament*, c'est-à-dire des œuvres où la maturité des pensées est enveloppée d'une telle fraîcheur de sentiment et de style, qu'on les dirait écrites à vingt ans par un homme de génie !

Et chose plus remarquable encore, notamment en un siècle où tout vieillit si vite, même après la mort du Père Lacordaire, le temps a respecté ses œuvres. Depuis près d'un demi-siècle qu'elles ont vu le jour, elles demeurent toujours aussi vivantes, toujours aussi fraîches, ne cessant pas de dégager ce parfum du printemps qui les sauve de l'oubli.

Première récompense qu'à leur insu Lacordaire a reçue des jeunes gens ; récompense toutefois — hâtons-nous de le dire — qu'en dépit de sa valeur, il eût médiocrement prisée, si elle eût été seule.

En échange de sa personne qu'il donnait sans réserve, il n'ambitionnait rien moins que de posséder leurs cœurs dans la libre effusion d'une amitié sincère. Il fut largement satisfait. Sans parler des grands et illustres amis qui avaient nom Montalembert, Foisset, Perreyve, Ozanam et Cochin, que de jeunes gens l'ont aimé ! que de jeunes gens ont fait entendre à ses oreilles l'harmonieux langage de l'affection, — seule musique, du reste, qu'il ait jamais goûtée !... — Chacun sait qu'à Sorèze, dans sa dernière année, ce n'était plus des élèves qu'il avait à élever, c'étaient tous des enfants transformés en amis.

*
* *

Nous l'avons déjà vu, dans la pensée du Père Lacordaire, l'ami ne pouvait se séparer de l'apôtre, pas plus que le cœur de la conscience. L'entrée de l'un devait nécessairement lui ouvrir la porte de l'autre pour lui permettre d'y introduire, comme de plain-pied, dans son temple, son bon maître Jésus. « Je ne sais si vous êtes comme moi, mais je ne puis plus aimer quelqu'un sans que l'âme se glisse derrière le cœur et que Jésus-Christ soit de moitié entre nous. Les communications ne me paraissent plus intimes, si elles ne deviennent surnaturelles ; car que peut-il y avoir d'intime là où on ne va pas jusqu'au fond des pensées et des affections qui remplissent l'âme de Dieu ? Je vois bien que des amis ne se confessent pas l'un à l'autre, ne s'aident pas dans leurs pénitences et font de leur vie spirituelle une vie cachée à tous les regards, même aux regards qu'ils aiment le plus. Mais est-ce bien de l'amitié ? L'amitié n'est-elle pas le don complet de soi-même ? Et quand Jésus-Christ est devenu nous-même, pouvons-nous nous donner réellement, sans donner Celui qui n'est plus qu'un avec nous ? »

La mesure dans laquelle le prêtre donne Jésus à une âme ou le lui rend quand elle l'a perdu, doit rester, en principe, le grand secret de Dieu. Il n'est pas rare toutefois que, pour la gloire de son Église et l'honneur de ses saints, Dieu lui-même ne soulève ici-bas quelque coin de ce voile. Depuis que Lacordaire est entré dans la tombe, Dieu ne cesse pas de le faire pour lui, et chaque jour nous apporte le témoignage qu'elles ont été sans nombre les jeunes âmes détachées par son zèle du groupe des incrédules et menées par ses soins à la vie de la foi.

Il y a plus. Le magnifique mouvement de retour vers le christianisme pratique, qui va s'accentuant de jour en jour dans les hautes sphères de notre société française, et qui fait notre espoir dans les tristesses présentes, c'est en grande partie au Père Lacordaire que nous en sommes redevables, ce sont les jeunes âmes embrasées par son zèle et, à leur tour, devenues des apôtres, qui nous en offrent maintenant le consolant spectacle. C'est donc au Père Lacordaire qu'après Dieu il convient d'en rapporter l'honneur. Du reste, nous sommes heureux de le constater. Aujourd'hui que les passions sont calmées et que les ardentes querelles du passé ne sont plus qu'un souvenir, il n'est qu'une voix en France pour reconnaître cette vérité et rendre à la mémoire de notre bien-aimé Père cette dernière justice.

***

Finissons en nous résumant. Epris d'amour pour la jeunesse et poussé par son amour à se confier en elle, Lacordaire a fait de la jeunesse le centre de sa vie et le point d'appui de son action. A la gloire de la jeunesse, je ne crains pas de le redire, il n'a pas été déçu. Du commencement à la fin, il l'a trouvée à ses côtés pour l'aimer, le comprendre, le soutenir et le consoler tour à tour.

C'est elle qui, sous les voûtes de la grande basilique comme dans l'étroite chapelle du collège Stanislas, acclamait sa parole nouvelle, et, pour cette raison, on le conçoit sans peine, à d'aucuns passablement suspecte. C'est elle qui, en un jour d'orage, alors que la foudre était dans l'air, alors qu'il s'agissait de conquérir, une fois pour toutes, du haut de la chaire de Notre-Dame, comme du haut d'un bastion, la liberté de porter une robe blanche aussi bien qu'une soutane, c'est elle, dis-je, qui, groupée aux pieds de sa chaire, le couvrit de sa puissante égide, avide de lui faire, au besoin, de son corps, un rempart invincible. C'est elle qui, répondant à son *Mémoire pour le rétablissement en France de l'ordre des Prêcheurs*, lui offrit, en guise de pierres d'assise, trois des siens, trois jeunes gens si purs, si gracieux et si beaux, qu'on eût dit trois esprits, un instant descendus du ciel sur notre terre, pour nous donner l'idéal du Beau dans la splendeur du Bien ! Piel, Hernsheim et ce suave Réquédat que je suis si heureux — pardonnez-moi cette faiblesse — de saluer deux fois comme mon frère en religion et mon compatriote breton ; Réquédat, angélique figure qui, à vingt ans, le jour où pour la première fois il dut ouvrir son âme dans l'épanchement d'une confession générale, ne sut, quoi qu'il cherchât, trouver à dire qu'une chose se rapprochant d'une faute, à savoir qu'il avait trop aimé la France et trop vivement abhorré ses ennemis.

C'est la jeunesse qui, avant comme après la mort de Lacordaire, n'a cessé d'envoyer à son Ordre d'autres âmes qui, si elles n'ont pas l'avantage de ressembler aux premières par le double éclat du talent et de la vertu, ont du moins avec elles ce trait commun qu'elles doivent à son prestige l'insigne honneur de leur belle vocation.

Et ici, Messieurs, si ces confidences d'un ordre tout intime vous devaient une excuse, je la trouverais toute faite dans vos cœurs mêmes de Canadiens français. N'avez-vous pas été, vous aussi, plus d'une fois les complices et les victimes de cet enthousiasme que Lacordaire a suscité en tant de lieux et qui, flairant chez vous un sol propice, n'a pas manqué d'y venir faire palpiter vos âmes et, ô mères, pardonnez-lui, vous enlever vos enfants ?

C'est la jeunesse, enfin, qui, au milieu des tristesses et des déceptions de sa vieillesse, a donné au grand moine ses joies dernières et ses meilleures consolations. Il lui en a rendu lui-même le touchant témoignage dans une circonstance solennelle, à l'une des distributions de prix de son école de Sorèze. Cette page est incontestablement l'une des plus belles qu'il nous ait laissées. Aussi sommes-nous trop heureux de nous en emparer pour terminer avec moins de désavantage cette lecture où tout ce qui nous a valu d'être applaudi par vous, n'est venu que de lui.

M. de Châteaubriand, courbé sous le poids de la gloire et des années, se retrouvait un jour aux bords solitaires du Lido, à l'extrémité des lagunes de Venise. Le ciel, la mer, l'air, le rivage des îles et l'horizon de l'Italie, tout se présentait aux regards du poète comme il l'avait autrefois admiré. C'était bien là Venise avec ses coupoles sortant des eaux ; c'était le lion de Saint-Marc avec sa fameuse inscription : « Paix à toi, Marc, mon évangéliste. » C'étaient les mêmes splendeurs, obscurcies dans la défaite de la servitude, mais empruntant aux ruines un charme qui n'avait point péri. C'était enfin le même spectacle, les mêmes bruits, le même silence, l'Orient et l'Occident réunis en un seul point glorieux, au pied des Alpes illuminées de tous les souvenirs de Rome et de tous ceux de la Grèce. Cependant le vieillard demeurait pensif et triste : il ne pouvait croire que ce fût là Venise, cette Venise de sa jeunesse qui l'avait tant ému, et, comprenant que c'était lui seul qui n'était plus le même, il livra aux brises de la mer qui le sollicitaient en vain cette parole mélancolique : « Le vent qui souffle sur une tête dépouillée ne vient d'aucun rivage heureux. » Pour moi, en me trouvant en présence d'une scène qui fut ma première initiation à la vie publique, je n'éprouve point, malgré la différence des âges, un si cruel désenchantement ; il me semble que ma jeunesse revit dans celle qui m'entoure, et aux bruits de vos sympathies pour nos heureux triomphateurs, à la pensée des joies plus intimes et plus profondes qui vont sortir du cœur de tant de mères, je me dirai à moi-même, content et consolé : « Le vent qui souffle sur une tête dépouillée vient quelquefois d'un rivage heureux. »

MONTRÉAL, Cercle Ville-Marie, 30 mai 1890.

FIN

www.ingramcontent.com/pod-product-compliance
Ingram Content Group UK Ltd.
Pitfield, Milton Keynes, MK11 3LW, UK
UKHW021507260726
13993UKWH00004B/1592

9 782329 268446